Género Fantasía

I0794534

Pregunta esencial
¿De qué formas puedes ayudar a los demás?

Un toque maravilloso

Marcela Villegas-Gómez
ilustrado por Eugenia Nobati

Capítulo 1

Conejo blanco, gorila feroz

Me llamo Leandro y vivo en Cadabra. Mi ciudad no aparece en los mapas y solo puedes ir allá si haces cosas extraordinarias. A Cadabra invitamos solo a personas especiales y que se han ganado nuestra confianza.

Para llegar a Cadabra primero se hace una larga travesía en automóvil hasta encontrar un hermoso lago. Allí, en un embarcadero con un letrero marrón que dice Cadabra, espera una chalupa. Algunos huéspedes se alarman un poco, pues nuestra pequeña embarcación no les parece segura. Pero no hay que dejarse engañar por el aspecto sencillo de esta chalupa. Nos la regaló un armador de barcos de las islas del Pacífico y es más confiable que un transatlántico.

Hacer cosas maravillosas es la ocupación principal de los habitantes de Cadabra. Muchas personas de todas partes del mundo vienen a mi ciudad a estudiar en importantes escuelas. Allí aprenden cosas como cambiar el estado del clima. Es decir, si quieres ir a pasear puedes cambiar una llovizna ligera por un sol esplendoroso.

Por muchas generaciones, mi familia se ha dedicado a hacer cosas maravillosas. Mis abuelos y mis padres me habían enseñado trucos desde que era un bebé. Pero, curiosamente, mi gran problema era que no podía hacer ningún truco bien.

No importaba cuánto me esforzara. No importaba cuánto practicara. Mis trucos siempre eran un desastre, incluso los más sencillos.

Cada vez que intentaba sacar un conejo blanco de un sombrero, aparecía un gorila feroz que destrozaba el sombrero. Por fortuna, en todas las ocasiones, tan pronto aparecía, el gorila se quedaba plácidamente dormido como un bebé.

Mi familia y muchos amigos intentaron ayudarme. Luis el Portentoso me había dicho que mis manos eran muy grandes y pesadas. Mi abuelita Margarita creía que mi vista no era muy buena. El tío Joaquín, nunca supe muy bien por qué, me había recomendado dormir con la cabeza en dirección al norte. Mi amiga Lena decía que el problema radicaba en que los sombreros que compraba eran muy grandes. Y, mi mamá decía que mi varita de hacer trucos estaba torcida.

Hice miles de ejercicios con mis manos. Usé unos anteojos muy feos que me hacían ver como una lechuza. Cambié la posición de mi cama. Compré tres sombreros de las tallas más pequeñas que encontré. Enderecé la varita y luego usé la de mi papá.

Pero nada funcionó. El gorila seguía saliendo y quedándose dormido.

Capítulo 2

Al derecho y al revés

Cuando intentaba desaparecer una moneda de las manos de alguien, era posible que desapareciera el reloj o el sombrero de esa persona. Sin embargo, la moneda permanecía en sus manos.

Mi sueño era hacer cosas extraordinarias y recorrer el mundo presentándome en grandes escenarios. Deseaba más que nada escuchar los aplausos del público. Escuchar sus gritos de: "¡Bravo! ¡Bravísimo! ¡Felicitaciones!".

Guardaba en mi armario muchos trajes brillantes y sombreros de copas de colores. Tenía todas las herramientas de mi oficio. Pero mi sueño, queridos amigos, era imposible.

Después de que fallaron todas las sugerencias y las recomendaciones de mis amigos y familiares, decidí dedicarme a estudiar con más empeño que nunca. Era posible que me faltara comprender mejor cómo funcionaba el mecanismo para crear cosas maravillosas. Leí cientos de manuales y me los aprendí de memoria. Estudié con tanta dedicación que me aprendí los libros al derecho y al revés.

Todos los días me iba a un escondite, a mi refugio. Allí practicaba desde la aurora hasta el anochecer. Pero casi nunca lograba hacer un truco perfecto, sin importar cuántas veces lo repitiera. Los amigos de mis padres llegaron a una conclusión:

—Leandro, creemos que no tienes el toque maravilloso —me dijo el sabio Manfredo con tristeza—. Tal vez es el momento de que aprendas a hacer otra cosa; los trucos no son lo tuyo.

Detective del lenguaje

El verbo subrayado está en presente. Busca otro verbo en presente en esta página.

Hacer cosas maravillosas es lo que más me gusta en el mundo. No quería aprender a hacer nada diferente. Pero, ¿qué tal si lo que decían era cierto? ¿Qué tal si verdaderamente me faltaba el toque maravilloso?

Finalmente tomé una triste decisión. Si no podía ser Leandro el Magnífico, me iría muy lejos. No quería ser un bueno para nada en Cadabra.

Tal vez en otro lugar encontraría algo que pudiera hacer bien. Algo completamente diferente a los trucos maravillosos.

Muy infeliz pero decidido, empecé los preparativos de mi viaje. Guardé mis sombreros de colores, mi varita de hacer trucos, mi capa, mis trajes brillantes y mis pañuelos al fondo del clóset, en una bolsa de plástico negra. Trasladé todos mis libros y manuales al oscuro sótano, con la intención de nunca más volverlos a leer. Finalmente, empecé a empacar mi ropa de diario en una maleta pequeña.

Detective del lenguaje	**Busca un verbo regular en presente en esta página.**

Lo que me parecía más difícil era darles la noticia de que me iba a mis padres y a mis amigos. Ellos siempre me habían apoyado con generosidad y cariño. Los iba a extrañar mucho a todos, especialmente a mi amiga Lena.

Lena y yo habíamos sido amigos desde que éramos pequeños. Nos contábamos todo lo que nos pasaba. Nos divertíamos mucho juntos. Lena siempre me alegraba con su estupendo sentido del humor. Era la persona más chistosa que jamás he conocido. Por ejemplo, un día estábamos leyendo un libro sobre los sapos grandes y verdes que hablan. De un momento a otro, Lena se fue de mi lado. Minutos después, regresó pintada de verde, saltando como un sapo y hablando incoherencias. Casi no pude parar de reírme. Hoy todavía exploto en carcajadas al recordar ese día.

Justamente cuando estaba empacando la maleta, llegó Lena resoplando con una bolsa gigantesca al hombro.

—¡Vaya, por dicha te encuentro, Leandro! Te he buscado por todos lados. Escucha. Tú eres el único que puede ayudarme en toda Cadabra.

Capítulo 3

Cada cosa en su lugar

—¡Hola, Lena! Estaba pensando en ti. ¿Qué puedo hacer para ayudarte?

—¿Recuerdas al hombre que vino a visitarnos desde Alaska el año pasado?

—¿El que hacía unos trucos graciosísimos?

—¡Sí, sí, ese mismo! ¿Te acuerdas del truco en el que hacía aparecer un ramo de flores de una lechuga? He estado intentando hacer ese truco para la fiesta de cumpleaños de mi mamá, pero no logro recordar cómo se hace.

—Eso es muy fácil, Lena. No puedes usar una lechuga corriente, solo te servirá una lechuga romana. Si quieres vamos a la biblioteca a mirar el libro donde aparece el truco. Sé exactamente donde está. En el camino te contaré algo muy importante.

Mientras caminábamos hacia la biblioteca le conté mi decisión.

—No sirvo para los trucos. Me voy para siempre de Cadabra —le dije.

—¿Cómo que no sirves para hacer trucos? ¡Eres la persona que más sabe de trucos en este lugar! —me dijo furiosa.

—Sí, Lena, ¿pero de qué me sirve si no puedo hacer ningún truco? —contesté con tristeza.

—Tal vez no seas hábil con las manos, pero sabes dónde encontrar información útil, así es como me ayudas a mí —respondió Lena para tranquilizarme.

Llegamos a la biblioteca. El truco estaba justo en el manual donde yo lo recordaba. Era un libro grandote de tapas rojas con dibujos dorados.

Lena abrió su enorme bolsa de herramientas y, siguiendo mis instrucciones y los dibujos del manual, hizo el truco. Por arte de magia, la lechuga se convirtió en un perfumado ramo de flores.

—¿Ves? Sin tu ayuda no habría podido hacerlo —dijo Lena con cara triunfante—. Yo ya vine a la biblioteca y la señora López me dijo que no tenían ningún libro sobre el tema. ¿Por qué no ayudas a la señora López en la biblioteca? Estoy segura de que estaría muy agradecida de que la ayudaras a encontrar libros sobre cualquier tema. Tú has leído muchísimos libros y puedes orientarte mejor que nadie en este lugar.

La idea me pareció genial. La verdad es que lo que yo más quería, era quedarme en Cadabra.

Esa misma tarde presentamos la idea de Lena a los miembros del concejo de la ciudad.

Todos estuvieron encantados de que le ayudara a la señora López en la biblioteca. La más entusiasta fue ella.

Con mi ayuda, la biblioteca de Cadabra se ha convertido en una de las bibliotecas más importantes del mundo. Hemos pedido libros nuevos y permanentemente hacemos actividades que le interesan a todos los habitantes de Cadabra.

Además, ahora recibo llamadas de muchas organizaciones internacionales. Me piden que vaya a sus países y que les ayude a organizar sus bibliotecas.

Todos los meses, me reúno con expertos del mundo entero. Intercambiamos ideas para hacer cosas extraordinarias que ayuden a nuestras comunidades.

Con ellos inventamos trucos para hacer que las vacas den más leche y los árboles produzcan fruta en abundancia. Nos ingeniamos otro para que se produzca lluvia en épocas de sequía.

Detective del lenguaje

Separa en sílabas las palabras subrayadas en esta página.

También hemos recuperado la técnica antigua para hacer volar las alfombras. Así, muchos niños que viven en regiones apartadas no tienen que caminar largas horas para llegar a la escuela.

Aunque no me presente en los escenarios del mundo ¡soy muy feliz! En Cadabra las personas me reconocen. Incluso me buscan para pedirme consejos. Nunca pensé llegar a tener tantos amigos. Hay días en que los más pequeños vienen a la biblioteca y yo les presto los libros con dibujos, que deben estudiar para aprender trucos. Me encanta saber que mi trabajo es importante para la comunidad. Pero lo que más me gusta es que ahora Lena y yo ayudamos a un maestro de una escuela donde enseñan a hacer cosas maravillosas.

Con Lena, como mi ayudante, les enseño a los niños de Cadabra, que están en primaria, a hacer trucos. Ella sigue mis instrucciones paso a paso, y sus trucos resultan estupendos. Cuando queremos divertirnos, yo mismo hago el truco de sacar el conejo blanco del sombrero. Nunca he podido saber por qué, pero siempre sale el mismo gorila dormilón. Los niños se ríen a más no poder.

Después de todo, creo que sí tengo el toque maravilloso de los habitantes de Cadabra.

Respuesta a la lectura

Resumir

Usa los detalles más importantes de *Un toque maravilloso* para resumir cómo Leandro ayudó a su comunidad. Puedes usar el organizador como ayuda.

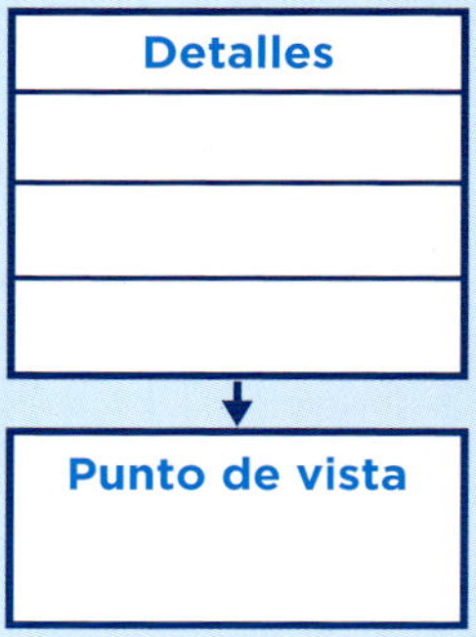

Evidencia en el texto

1. ¿Cómo sabes que *Un toque maravilloso* es un cuento de fantasía? Identifica dos características para determinarlo. **GÉNERO**

2. Este cuento, ¿está narrado en primera persona o en tercera persona? Sustenta tu respuesta con ejemplos del texto. **PUNTO DE VISTA**

3. En la página 3, ¿qué significa *ocupación*? Averigua el significado con pistas del párrafo. **DEFINICIONES Y REAFIRMACIONES**

4. Imagina que eres Leandro. Escribe cómo te habrías sentido al darte cuenta de que no podías hacer trucos. **ESCRIBIR SOBRE LA LECTURA**

Género Texto expositivo

Compara los textos

Lee sobre un programa de comida comunitaria que comenzó un niño de cinco años.

Un corazón grande

En Florida existe una obra benéfica llamada Fundación el Corazón de Joshua. Cada mes, la fundación brinda alimento a más de 100 personas sin hogar y a 450 familias.

Joshua Williams tenía tan solo cinco años cuando comenzó la Fundación El Corazón de Joshua.

El presidente de la organización es Joshua Williams. Cuando él tenía cinco años, su abuela le dio 20 dólares. Joshua le dio el dinero a un hombre sin hogar. Tan solo unos pocos meses después, comenzó su propia obra benéfica para ayudar a las personas necesitadas.

El gran corazón de Joshua inspiró el nombre de esta obra de beneficencia. En 2013, Joshua recibió el premio Prudential Spirit of Community. En ese momento tenía tan solo 11 años.

Hasta la fecha, la fundación de Joshua ha entregado más de 250,000 libras de alimento a aquellos que más lo necesitan. Esto incluye enfermos, ancianos y familias que no tienen dinero.

La fundación también tiene un programa de mochilas. Entrega una mochila con alimentos a los niños que necesitan llevarlos a casa en los fines de semana o durante las vacaciones escolares. La comida es saludable y fácil de preparar.

La Fundación el Corazón de Joshua depende de los voluntarios. Se trata de personas que trabajan sin esperar dinero a cambio. Las personas, tanto de la escuela, como de los grupos comunitarios, trabajan para la fundación.

"Si las personas me apoyan, pueden ayudarme a aportar un grano de arena. Cuando aportas un grano de arena, eso ayuda a otras personas", dice Joshua.

Campañas de alimentos

Muchas comunidades realizan campañas de alimentos. En estos eventos las personas recogen alimentos enlatados y secos como cereal, pasta, frutas y verduras. Luego los distribuyen a las personas necesitadas. Algunos lugares de trabajo o escuelas tienen concursos para ver quién puede recoger más alimentos.

Los voluntarios de la Fundación el Corazón de Joshua no están solos. ¿Sabías que hay alrededor de 3 millones de voluntarios en Florida? En total, estas personas donan muchas horas de su tiempo para ayudar a sus comunidades.

Mira la gráfica que está a continuación. ¿Qué tipo de labor te gustaría hacer como voluntario?

Dónde trabaja la gente como voluntaria (2008 a 2010)

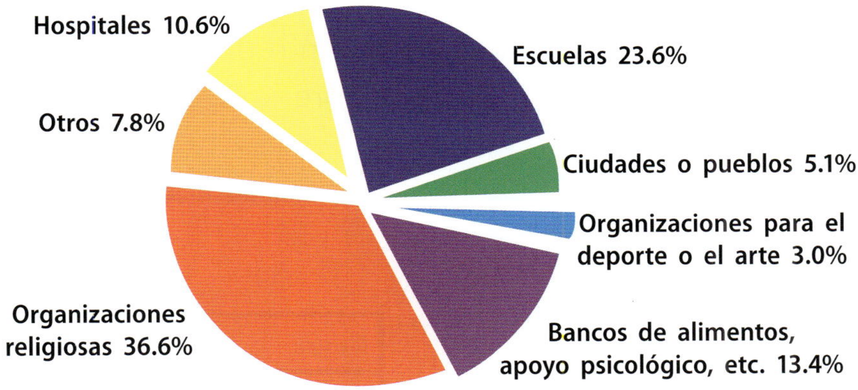

Esta gráfica muestra que los voluntarios en Florida trabajan en muchas áreas diferentes.

Haz conexiones

¿De qué manera la Fundación el Corazón de Joshua ayuda a las comunidades? **PREGUNTA ESENCIAL**

¿En qué se parecen Leandro de *Un toque maravilloso* y Joshua de *Un corazón grande*? ¿En qué se diferencian? **EL TEXTO Y OTROS TEXTOS**

Enfoque:
Elementos literarios

Diálogo Los escritores tienen diferentes formas de mostrar quién o quiénes están hablando. Las rayas de diálogo indican que interviene un personaje.

Lee y descubre Para saber quién está hablando, fíjate en el verbo *decir* seguido del nombre del personaje: "—Leandro, creemos que no tienes el toque maravilloso —me dijo el sabio Manfredo con tristeza—; tal vez es el momento de que aprendas otro oficio" (página 7).

Tu turno

Copia la tabla. Con un compañero, busquen ejemplos de diferentes tipos de diálogo en el cuento. Completen la tabla con los ejemplos que encontraron.

Diálogo	Ejemplo
Con *decir*	
Con el contexto de la oración	
Con un verbo diferente a *decir*	